Inhalt

Altersstrukturen in Unternehmen - wandert das Know-how mit dem Generationswechsel in den Ruhestand?

Kernthesen

Beitrag

Fallbeispiele

Weiterführende Literatur

Impressum

Altersstrukturen in Unternehmen - wandert das Know-how mit dem Generationswechsel in den Ruhestand?

I.Lukmann

Kernthesen

- Der demografische Wandel in deutschen Unternehmen wird derzeit weitgehend unterschätzt: 2010 wird beispielsweise die so genannte Akademikerersatzquote bei unter 90 Prozent liegen. Die Nachfolgeplanung der Unternehmen ist daher unzureichend.
- Die Verlängerung des Arbeitslebens (beispielsweise durch die Anhebung des

Rentenalters) sowie ein Mangel an Nachwuchskräften im Fach- und Führungsbereich bewirkt, dass sich Unternehmen um die künftige Altersstruktur ihrer Belegschaft zunehmend kümmern.

- Um in Zukunft über eine qualifizierte und zukunftsfähige Belegschaft zu verfügen, entwickeln Unternehmen unter anderem nachhaltige Konzepte und Personalstrategien zu den Themen Wissens-, Gesundheits-, und Karrieremanagement sowie Altersdiversifizierung.

Beitrag

Der demografische Wandel in Deutschland hat Auswirkungen auf Personalstrategien und -politik der Unternehmen. Im Jahr 2050 wird jeder in Deutschland lebende Bürger älter als 65 Jahre sein. Die Altersstruktur der Belegschaften in Unternehmen wird sich entsprechend diesem Trend ändern. Zum einen werden die Erwerbsgruppen bis 29 Jahre stark abnehmen; die Anzahl der 30- bis 40-Jährigen wird ebenfalls sinken. Hinzu kommt, dass Unternehmen neben den Änderungen in der Altersstruktur ihrer Organisationen, auch einen Fachkräftemangel sowie einen Nachwuchsmangel an Akademikern erwarten.

Diejenigen Akademiker, die in nächster Zeit in den Ruhestand gehen werden, können daher nicht adäquat nach besetzt werden. Bereits 2010 wird die so genannte Akademikerersatzquote bei unter 90 Prozent liegen. Die betriebliche Personalpolitik ist an dieser Stelle gefragt, die Zusammensetzung der Belegschaft für die Zukunft sinnvoll zu gestalten. (2), (3), (5), (6), (10), (11), (12)

Age Management Konzept

Altersstrukturpyramiden in Unternehmen spitzen sich in Zukunft nach oben hin zu. Das bedeutet, dass es zunehmend ältere Erwerbspersonen geben wird. Diese werden einer nicht ausreichenden Anzahl an jüngeren Erwerbspersonen gegenüberstehen. Die Gründe für die Zusammensetzung der Altersstrukturpyramide liegen zum Beispiel in einem zeitweilig umgesetzten Rekrutierungsstopp der Unternehmen.

Die genannten Gründe führen dazu, dass Arbeitnehmer zwischen 35 und 50 Jahren am häufigsten in der Belegschaft vertreten sind. Das Durchschnittsalter in Großunternehmen liegt zwischen 41 und 45 Jahren. Im Jahre 2015 erwartet die deutsche Industrie bereits ein Durchschnittsalter von etwa 50 Jahren.

Diese Zahlen zeigen auf, dass eine Analyse der Altersstruktur im Unternehmen unabdingbar für ein geeignetes Age Management ist. Anhand einer solchen Analyse können die Handlungsfelder, Maßnahmen sowie Instrumente für das Age Management identifiziert werden. (5), (7), (11), (12)

Gestaltung der Altersstruktur in Unternehmen

Eine geeignete Altersstruktur kann für Unternehmen einen entscheidenden Erfolgsfaktor darstellen. Hierzu ist insbesondere die Betrachtung der Zusammensetzung der Belegschaft eines Unternehmens sinnvoll. Eine gewisse Heterogenität, in diesem Fall die so genannte Altersheterogenität, ist im Sinne der Altersstruktur der Belegschaft grundsätzlich für den Erfolg einer Unternehmung bedeutsam.

Die Erfolgaussicht lässt sich an dieser Stelle wie folgt definieren: Ältere Arbeitnehmer haben den Vorzug über Erfahrungswissen zu verfügen. Hinzu kommen Kenntnisse über die Schnittstellen innerhalb des Unternehmens sowie zahlreichen Kontakten und

Ansprechpartnern außerhalb der Unternehmung. Dieses Know-how, sowie die Kenntnisse unternehmensinterner und -spezifischer Prozesse und Zusammenhänge, sind das Kapital der älteren Belegschaft. Dagegen verfügen jüngere Arbeitnehmer über folgende Vorzüge: Kenntnisse neuester marktrelevanter Standards, ein hohes Maß an Lernwilligkeit und -fähigkeit sowie Flexibilität. Eine heterogene Belegschaft aus einer Mischung von älteren und jüngeren Arbeitnehmern kann daher Synergien schaffen und hierdurch einen entscheidenden Beitrag zum Unternehmenserfolg erbringen. (2), (7), (10), (12)

Personalstrategien und Maßnahmen zur Gestaltung der Zusammensetzung von Belegschaften in Unternehmen

Unternehmen sollten auf den demografischen Wandel in ihren Organisationen reagieren, um in Zukunft über eine qualifizierte und zukunftsfähige Belegschaft zu verfügen. Hierfür können Unternehmen einige Maßnahmen umsetzen, die im Folgenden dargestellt sind:

- Die Sicherung der Weiterbeschäftigung älterer Arbeitnehmer durch Weiter- und Fortbildung, um die Altersgruppe auf dem neusten Stand der Marktentwicklungen zu halten
- Die Förderung der Vereinbarkeit von Familie und Beruf
- Die Erhöhung des Erwerbspotenzials von qualifizierten Frauen
- Die Förderung der Rekrutierungsmöglichkeiten ausländischer Arbeitnehmer
- Die Verbesserung der Ausbildung von jungen Arbeitnehmern
- Die Verbesserung und der Ausbau von Kontakten zu Universitäten, um eine künftige Rekrutierung von Nachwuchskräften zu sichern
- Der Aufbau einer lebenszyklusorientierten Personalarbeit
- Die Umsetzung einer längeren Arbeitszeit von Beschäftigten durch das Sicherstellen gesundheitlicher Faktoren wie beispielsweise eines betrieblichen Gesundheitsmanagements
- Aufbau eines geeigneten Karrieremanagements, um Nachwuchskräften attraktive Karrierechancen aufzuzeigen.
- Aufbau einer geeigneten Strategie zum Abwerben von Nachwuchskräften anderer Unternehmen. [(2)](), [(3)](), [(10)](), [(11)]()

Aufbau von so genannten Vorruhestandskonten

Der Aufbau von Vorruhestandskonten könnte zukünftig ein sinnvolles Instrument für eine langfristig orientierte Personalbedarfsplanung in Unternehmen sein. Bei einem Vorruhestandskonto wird eine Vereinbarung zwischen dem Unternehmen und den Mitarbeitern getroffen. Inhaltlich wird vereinbart, dass Teile des Brutto-Entgelts der Mitarbeiter sowie eines entsprechenden Anteils des Arbeitgebers auf ein so genanntes Vorruhestandskonto eingezahlt werden. Alternativ hierzu können auch Sonderzahlungen (zum Beispiel Urlaubsentgelt, Tantieme, Gewinnbeteiligung etc.) auf ein solches Konto eingezahlt werden. Das Geld wird für den Mitarbeiter während des Einzahlungszeitraums gewinnbringend angelegt. Die Auszahlung der Beträge erfolgt als Vergütungsausgleich in einer Höhe von etwa 70 Prozent des letzten Gehaltes. Mit der Auszahlung der Beträge beginnt das Unternehmen, wenn der Arbeitnehmer eine bestimmte Altersgrenze erreicht hat. In dem Fall, dass das Arbeitsverhältnis des Arbeitnehmers nicht bis zum Renteneintrittsalter mit dem Unternehmen aufrecht erhalten bleibt, kann das Guthaben an den ausgeschiedenen Mitarbeiter ausgezahlt werden. (8)

Fallbeispiele

In einem neuartigen Beratungsangebot werden für kleine und mittelständische Unternehmen Chancen und Risiken einer alternden Belegschaft analysiert. Die so genannte Regionale Beratung und Qualifizierung NRW (rebequa-Programm) setzt Berater in mittelständischen Unternehmen der Region Ostwestfalen-Lippe ein. Die Berater führen in einer ersten Untersuchung eine Altersstrukturanalyse in den Unternehmen durch. Anschließend werden Fragen zur demografischen Fitness eines Unternehmens, wie zum Beispiel die betriebliche Qualifizierungs- und Gesundheitssituation eines Unternehmens oder mögliche Ansätze zur Altersstrukturentwicklung, in den Betrieben geklärt. (4)

Nexxt-Change ist ein Zusammenschluss aus den Unternehmensbörsen Change-Online und Nexxt. Seit 2006 ist Nexxt-Change Deutschlands die größte Plattform für Unternehmensübertragungen. Bislang konnten etwa 1000 mittelständische Unternehmen auf dieser Plattform Nachfolger für

Führungspositionen im Unternehmen finden. (9)

Weiterführende Literatur

(1) Wissen geht in den Ruhestand
aus Personal Nr. 12 vom 01.12.2006 Seite 041

(2) Unternehmen unterschätzen den demografischen Wandel
aus DIE WELT, 01.12.2006, Nr. 281, S. 12

(3) Demografische Entwicklung stellt auch Unternehmen vor neue Anforderungen Den Wandel als Chance begreifen
aus Die SparkassenZeitung, 24.11.2006, Nr. 47, S. 8

(4) Fit für den demografischen Wandel Unternehmen müssen sich auf veränderte Altersstrukturen im Betrieb vorbereiten
aus Neue Westfälische

(5) Wirtschaft droht Expertenmangel Personalmanager stehen vor der großen Aufgabe, ihrem Unternehmen die Spitzenkräfte von morgen zu sichern. Vor allem kleinere Firmen laufen Gefahr, im Wettstreit um die besten Köpfe das Nachsehen zu haben
aus Financial Times Deutschland vom 06.10.2006, Seite SC1

(6) Gute Leute finden und binden Trotz hoher

Arbeitslosigkeit fehlen vielen Unternehmen nach wie vor Fach- und Führungskräfte. \ Neue Wege zu Top-Mitarbeitern.
aus Impulse vom 01.10.2006, Seite 108

(7) Unternehmen brauchen die Alten
aus PERSONALmagazin, Heft 11/2006, S. 18

(8) Vorruhestandskonten - Win-Win-Modell für Unternehmen und Mitarbeiter?
aus Arbeit und Arbeitsrecht, Heft 9/2006, S. 546-547

(9) 1 000 Unternehmen fanden Nachfolger
Onlinebörse Nexxt-Change meldet zehn Millionen Zugriffe
aus kfz-betrieb Nr. 31 vom 03.08.2006 Seite 041

(10) Grund, Christian, Altersstruktur der Belegschaft als Erfolgsfaktor für Unternehmen, WiSt Wirtschaftswissenschaftliches Studium, Heft 8/2006, S. 462
aus kfz-betrieb Nr. 31 vom 03.08.2006 Seite 041

(11) Unternehmen in die Zukunft führen
aus PERSONALmagazin, Heft 08/2006, S. 50

(12) Statt zu handeln warten Firmen ab - Die Arbeitnehmer werden älter, doch die Unternehmen stellen sich nur unzureichend auf die neuen Bedingungen ein
aus Badische Zeitung vom 25.02.2006

Impressum

Altersstrukturen in Unternehmen - wandert das Know-how mit dem Generationswechsel in den Ruhestand?

Bibliografische Information der deutschen Nationalbibliothek

Die Deutsche Nationalbibliothek verzeichnet diese Publikation in der deutschen Nationalbibliografie; detaillierte bibliografische Daten sind im Internet über http://dnb.d-nb.de abrufbar.

ISBN: 978-3-7379-0192-5

© 2015 GBI-Genios Deutsche Wirtschaftsdatenbank GmbH, Freischützstraße 96, 81927 München, www.genios.de

Alle Rechte vorbehalten. Dieses Werk ist einschließlich aller seiner Teile − z.B. Texte, Tabellen und Grafiken - urheberrechtlich geschützt. Jede Verwertung außerhalb der Grenzen des Urheberrechtsgesetzes bedarf der vorherigen Zustimmung des Verlags. Dies gilt insbesondere auch für auszugsweise Nachdrucke, fotomechanische Vervielfältigungen (Fotokopie/Mikroskopie), Übersetzungen, Auswertungen durch Datenbanken oder ähnliche Einrichtungen und die Einspeicherung und Verarbeitung in elektronischen Systemen.